Cómo no ser el perfecto...

Marido

EDIMAT LIBROS, S. A.
Calle Primavera, 35
Polígono Industrial El Malvar
28500 Arganda del Rey
www.edimat.es
MADRID-ESPAÑA

Copyright © para lengua castellana
EDIMAT LIBROS, S. A., España, 2008
© The Foundry 2007
The Foundry Creative Media Limited
Crabtree Hall, Crabtree Lane
Fulham, London SW6 6TY
United Kingdom

ISBN: 978-84-9794-068-9

Título original: *How Not to be the Perfect Husband*
Agradecimientos: Cat Emslie, Andy Frostick, Victoria
Lyle, Sara Robson, Nick Wells

Primera publicación en 2007
Impreso en China

Cómo no ser el perfecto...

Marido

Ulysses Brave

EDIMAT
LIBROS

Prefacio

Hoy día nos regimos por normas sin sentido
dictaminadas por comisiones anónimas
y organismos demasiado atareados como para
darse cuenta de ello. Es por eso que, a lo largo
de los años, ha habido mucha gente que ha
acudido a mí para encontrar un por qué
y arrojar luz sobre estos temas. Afirman
no saber cómo comportarse en la sociedad
moderna por lo que me he permitido recopilar
algunos consejos prudentes basados
en el simple y tradicional sentido común.

Ulysses Brave

Un buen marido adora hacer alarde ante los amigos de su mujer.

Un buen marido siempre se queda dormido después de comer.

A los maridos les gusta flirtear
con el peligro, sobre todo en la parte
de atrás de su jardín.

A los maridos les encantan
los mimos, aunque nunca
lo reconozcan.

*Algunos maridos llevan a cabo
montajes arriesgados
para reclamar atención.*

Los maridos de mediana edad
adoptan a menudo una apariencia
a la moda en un intento
de capturar los años roqueros
que no tuvieron en su juventud.

Cuando tus hijos te fotografían con el móvil, ten en cuenta que después se reirán con sus amigos.

El marido perfecto siempre disfrutará con sus propios olores.

El marido perfecto siempre tendrá dificultades para arrastrarse fuera de la cama, sobre todo si ha bebido la noche anterior.

Los maridos siempre intentan aparentar ser naturales en las fotos de familia, pero raras veces lo consiguen.

*Los maridos necesitan ejercitar
sus caras de enfado al menos
dos veces por semana, sobre todo
si se les molesta a la hora
del fútbol.*

Los maridos tienden a emprender solos su camino pero rápidamente se frustran, se vuelven y se enfadan.

*Los maridos siempre
se conmocionan con la aparición de
una vecina nueva... y rápidamente
imaginan una serie de encuentros
prometedores.*

Si alguien molesta su profundo sueño, un buen marido siempre negará que estaba dormido.

Los maridos siempre intentan convencernos de que no son los responsables de los malos olores.

El marido espabilado se encontrará muy cansado cuando le pidan colaborar en las tareas de la casa.

Una sonrisita tonta hace maravillas por un marido culpable.

*Un marido siempre montará
un escándalo tremendo por un dolor
de muelas. La mujer perfecta
resistirá hacer cualquier
comparación con el dolor
de un parto.*

*Los maridos siempre harán
el menor ejercicio posible.*

Los maridos imaginan que son
cazadores nómadas, pero siempre
vuelven a casa para mitigar
su hambre con una cena
que ya esté preparada.

*Los maridos cuentan
con una simpatía ilimitada
para hacer frente al ridículo
y a la humillación.*

Un buen marido suele ser reservado con sus cosas, salvo en las relaciones cotidianas con la familia, los amigos, los compañeros de trabajo...

¿Perdido? Pues claro que no.
El verdadero marido nunca
lo reconocerá y nunca jamás
preguntará por ninguna dirección.

Todo marido perfecto se hará el distraído cuando su mujer se enfade.

A los maridos les encanta asumir
tareas varoniles y podrían pasarse
horas practicando delante
de los niños.

Un marido hará cualquier cosa por librarse de hacer las labores domésticas e ir a retozar al primer lago cercano.

El marido perfecto siempre tomará el camino más largo para hacer las tareas más simples.

*Un buen marido es lento y perezoso
pero a menudo se supera
no haciendo nada.*

Regla nº 22.
Algunos maridos son encantadores.

Regla nº 23.
Pero el tuyo no.

Los maridos necesitan ser admirados constantemente, aunque sus hazañas sean las de toda la vida.

*Los alardes de fuerza sin sentido
son la especialidad de muchos
maridos.*

*Los maridos no quieren
que sus hijos les despierten
por las mañanas. Muchos
de ellos suponen que su mujer
se hará cargo de todo.*

Y nunca pedirán ayuda, aunque se encuentren en un aprieto.